AF313671

NOTICE BIOGRAPHIQUE

SUR

JÉRÉMIE HÉBRARD

Décédé à Cette le 23 Novembre 1885

A L'AGE DE 20 ANS.

> O mort ! où est ton aiguillon ? O sépulcre! où est ta victoire ? Or, l'aiguillon de la mort, c'est le péché. Mais grâces soient rendues à Dieu qui nous donne la victoire par Notre Seigneur Jésus-Christ.
>
> 1 Cor., XV, 55-57.
>
> Ouvrez-moi les portes de la justice ; j'y entrerai et je célébrerai l'Eternel.
>
> Ps. CXVIII, 19.
>
> ... Quoique mort, il parle encore par sa foi.
>
> Héb., XI, 4.

Prix : UN franc.

MONTPELLIER

TYPOGRAPHIE ET LITHOGRAPHIE BOEHM ET FILS

1885.

NOTICE BIOGRAPHIQUE

SUR

JÉRÉMIE HÉBRARD

Décédé à Cette le 23 Novembre 1885

A L'AGE DE 20 ANS.

> O mort ! où est ton aiguillon ? O sépulcre! où est ta
> victoire ? Or, l'aiguillon de la mort, c'est le péché.
> Mais grâces soient rendues à Dieu qui nous donne la
> victoire par Notre Seigneur Jésus-Christ.
>
> 1 Cor., XV, 55-57.
>
> Ouvrez-moi les portes de la justice ; j'y entrerai et
> je célébrerai l'Eternel.
>
> Ps. CXVIII, 19.
>
> ... Quoique mort, il parle encore par sa foi.
>
> Héb., XI, 4.

Prix : UN franc.

MONTPELLIER

TYPOGRAPHIE ET LITHOGRAPHIE BOEHM ET FILS

1885.

NOTICE BIOGRAPHIQUE

SUR

JÉRÉMIE HÉBRARD

Décédé à Cette, le 23 Novembre 1885

A L'AGE DE 20 ANS.

I.

Jérémie HÉBRARD naquit à Cette, le 10 octobre 1865, de parents pieux, qui le consacrèrent au Seigneur.

Avant sa conversion, Jérémie vécut comme tous les enfants de son âge. Voici en deux mots son portrait au moral : Nature franche et droite, cœur affectueux et reconnaissant ; intelligence ordinaire, mais susceptible de développement, esprit ouvert et primesautier ; caractère vif et parfois emporté jusqu'à la colère, surtout devant une accusation injuste, mais prompt à reconnaître ses torts dès qu'une répréhension paternelle les lui montrait. Sa tante Marie, qui le chérissait comme une mère, avait plus que ses parents l'occasion de le reprendre et de l'instruire, car la mère, absorbée par les soins du ménage et du magasin, le père absent de la maison presque toute la journée, ne suffisaient pas à l'éducation morale de leur famille. Ils confiaient cette tâche à leur sœur ; elle s'en acquittait avec un dévouement qui lui attirait la reconnaissance des parents et l'affection filiale de ses neveux. C'était pour la tante bien-aimée la plus douce récompense après l'approbation de Dieu.

Jérémie fut envoyé au pensionnat Gilly, à Nimes, au commencement d'octobre 1875, et il y demeura jusqu'à la fin juillet 1880. C'est pendant son séjour dans cette maison d'éducation que survint en lui ce changement que le Saint-Esprit peut seul opérer dans le cœur de l'homme.

L'année scolaire 1879-80, la dernière qu'il passa au pensionnat, fut particulièrement bénie pour cette institution. Le réveil éclata surtout parmi les internes cettois, parce que, sans nul doute, ces chers enfants, élevés au sein de familles chrétiennes, y avaient reçu dans leur cœur le germe divin. Neuf jeunes gens de 15 à 17 ans furent réveillés à salut et convertis à peu près à la même époque, et nous sommes heureux d'ajouter, à six ans d'intervalle, que ces jeunes amis ont persévéré dans la grâce divine et sont aujourd'hui l'espérance de l'Église.

Ce fut Hazaria Gilly, le fils du directeur, qui, le premier, donna le signal du réveil. Sa conversion surprit tous ses camarades. Le changement fut si subit et en même temps si réel, que tous en éprouvèrent une commotion électrique.

Hazaria était l'ami de tous, mais il fut pour Jérémie quelque chose de plus : un conseiller, un aiguillon, l'instrument direct de sa conversion. Aussi Jérémie lui témoigna-t-il toujours une confiance particulière, une affection profonde qui ne s'est pas démentie. Dès que Jérémie fut convaincu que la conversion d'Hazaria était véritable, il en éprouva une grande joie. Il allait le trouver dans sa chambre, aux heures de récréation, soit pour lui raconter son expérience intime, soit pour prier avec lui. Son âme s'ouvrait au souffle divin et le travail de la grâce s'opérait en lui.

La lecture d'une lettre sérieuse, écrite par Hazaria à Booz Loup, — leur ami commun — pour l'engager à entrer, comme lui, dans la voie étroite, fit une impression si vive sur notre bien-aimé que, dès ce moment, il prit la résolution de rechercher sans relâche le témoignage de son pardon.

Cette délivrance ne se fit pas attendre.

Le maître de pension, et surtout le pasteur qui s'occupait spécialement de la direction spirituelle des internes, suivaient avec bonheur ce mouvement religieux. Dans l'espace de quelques jours,

— 5 —

sept autres jeunes gens donnèrent successivement gloire à Dieu,
et c'était un spectacle vraiment admirable que l'ardeur avec
laquelle ces nouveaux convertis se réunissaient régulièrement
chaque soir pour prier ensemble. Jours bénis, qui ont laissé dans
leur mémoire un doux souvenir ! « Instruis le jeune enfant à
l'entrée de sa voie, et quand il aura vieilli il ne s'en détournera
point » (Prov. XXII, 6).

Les débuts de Jérémie dans la vie spirituelle furent timides.
Il avoua lui-même plus tard avec naïveté que ce changement
qu'il appelle sa première conversion fut plutôt un effet de la
crainte de Dieu qu'un attrait de son amour. Aussi ne fut-elle
pas durable, car l'amour seul est un lien indissoluble. Il avait
conscience de la faiblesse de sa foi, il se méfiait de lui-même,
et, au moment de quitter la pension, il s'attristait à la pensée que
les vacances le remettraient en contact avec des camarades dont
il redoutait l'influence. C'est ce que confirme une lettre écrite
de Cette à son ami Hazaria quelques jours après leur séparation.

« Cette, août 1879.

» Mon cher ami,

»D'un côté, il me tarde de retourner à Nimes parce que je suis ici beaucoup plus distrait, sans être cependant découragé. D'un autre côté, je
ne languis nullement, non à cause des vacances, puisque chez moi je
travaille, mais parce que je regretterais de quitter mes parents.

Quand j'écrivis de Nimes à quelques camarades de Cette, leur réponse
m'avait fait croire qu'ils étaient plus sérieux qu'auparavant. Mais quand
je les ai vus de près, j'ai été bien désappointé. Alors je ne suis pas allé
avec eux et ne leur ai rien dit de ce que j'espérais pouvoir leur raconter
de mon expérience. Je demeure à la maison et j'aide mes parents. Je suis
encore cependant bien distrait et léger, mais un peu moins que si j'allais
avec mes amis.

Samedi et dimanche j'ai été indisposé; je n'ai pu aller à la réunion
du matin. J'ai lu quelques chapitres et j'ai prié. Ensuite nous avons fait
avec mon père et ma tante une réunion de prières, puis nous avons encore
prié avec ma tante. Parfois Satan est devant moi ; il me présente des
choses qui semblent bonnes et qui ne le sont point, et je suis fortement
tenté ! Quelquefois je cède à ces tentations ; mais quand je réfléchis,
je résiste.»

La dernière année passée à Nimes fut particulièrement bénie pour Jérémie ; il fut encouragé et soutenu, et nous trouvons dans diverses lettres qu'il écrivit à cette époque des preuves de cette prospérité spirituelle. Il était, il est vrai, bien entouré et à l'abri des pièges auxquels la jeunesse est exposée. Que de jeunes gens chrétiens auraient comme lui besoin d'être soutenus pour persévérer dans la voie étroite ! Combien se relâchent et se détournent, parce qu'ils ont été privés des soins de l'Église, comme des enfants abandonnés!

Dieu nous place souvent dans des situations difficiles, même dans des « lieux glissants », non pour nuire à notre développement, mais pour nous faire mieux connaître notre cœur et la faiblesse de notre foi.

Ces combats sont dépeints dans quelques lettres adressées encore à H. Gilly, alors au Lycée de Marseille.

« Nimes, 30 mai 1880.

» Mon cher Hazaria,

» Depuis assez longtemps je désirais t'écrire, lorsque ton frère Misçaël m'a dit qu'il t'écrirait et m'a engagé à le faire avec lui

» Que te dirai-je, cher ami ? Tu as été longtemps avec moi et tu as vu mon peu de progrès ; tu m'as même vu souvent prêt à me décourager. Que Dieu me pardonne pour tout le mal que je trouve encore dans mon cœur !

Je puis te dire maintenant en toute vérité que je sens en moi de nouvelles dispositions et que mes progrès sont plus sensibles. J'aime beaucoup mieux mes chers conducteurs, mes bons parents et mes amis, et je désire faire encore mieux à l'avenir. Que Dieu veuille réaliser ces résolutions et me donner de ne m'attendre qu'à lui, afin qu'il puisse accomplir son œuvre dans mon cœur ! Je le lui demande tous les jours, je le prie plus souvent qu'auparavant.

Le lundi soir, Misçaël nous préside une réunion de prières. Le mercredi, après la réunion que nous présida encore ton cher frère, je pris la résolution de prier au pied de mon lit. Le jeudi soir, il y a culte à la chapelle ; le vendredi, réunion générale de prières, comme tu le sais, et le samedi soir M. Mourier nous en préside une autre particulière.

Vendredi dernier, M. Krüger nous prit dans son cabinet, Silas Gary, Passebois, Lombard, Putscher, Faysse et moi. Il nous expliqua le par-

don des péchés, ensuite il m'engagea à prier. Nous le fîmes tous ; ensuite
M. Krüger pria après nous. Il nous a invités pour jeudi prochain dans
l'après-midi.

Lombard a reçu le témoignage de son pardon dimanche dernier.

Passebois change de conduite, il recherche aussi son pardon et désire le recevoir bientôt.

Combien je dois rendre grâce à Dieu pour les privilèges qu'il m'accorde ; j'en suis bien reconnaissant, mais pas assez. Que Dieu m'humilie
et me rende plus sérieux ! Qu'il me fasse sentir combien je me rends
coupable en ne m'approchant pas de lui comme je le devrais ! Je sens
toujours mieux le privilège qu'il m'a accordé ; que Dieu m'accorde la
grâce d'en profiter pleinement !

Quand tu étais auprès de moi et que tu me reprenais, je faisais sem-
blant de ne pas écouter, mais ensuite je me repentais et j'aurais voulu te
demander pardon ; mais comme je priais peu, je ne pouvais surmonter
cet orgueil qui m'empêchait de m'humilier. Souvent, je voulais être sage ;
mais à peine m'avait-on repris que mon orgueil reprenait le dessus.

Que Dieu me pardonne et me délivre de ces sentiments qui sont
encore en moi ! Cependant je les sens moins puissants ; puissent-il disparaître entièrement ! Dieu continue à me faire du bien, je l'en bénis ; il
exauce mes prières. O Dieu ! donne-moi une pleine confiance en toi et
que je ne doute plus de ton amour !

Cher ami, il doit te tarder de rentrer dans la maison de Dieu. Tu es
comme au milieu d'un désert, et cependant tu ne te relâches pas.

Que ferais-je à ta place ? Mon Dieu ! donne-moi de sonder mon cœur
et de m'humilier du mal qui s'y trouve encore. Je désire t'écrire souvent.
Puissé-je faire de nouveaux progrès afin que tu puisses reconnaître que
Dieu agit en moi ! Si j'étais comme toi, éloigné de tous mes amis, j'aimerais bien de recevoir souvent des nouvelles de ce qui se passe à Cette et
à Nimes. Je désire faire aux autres ce que je voudrais qu'il me fût fait.

Amos a été bien malade... Il va vers le mieux ; que la maladie de cet
ami soit un avertissement pour moi ! Je me demande si je ne mériterais
pas d'être éprouvé afin de marcher plus fidèlement dans la bonne route..»

Il nous serait facile de multiplier ces citations, mais il faut
se borner. Cependant qu'on nous permette encore d'extraire
quelques lignes d'une excellente lettre, écrite au même ami un
mois plus tard et dans les mêmes circonstances.

« Juin 1880.

»Tu n'a pas répondu à ma lettre : je m'y attendais, car je connais ton travail, surtout à la veille de ton concours pour la bourse de Licence ; aussi ne te l'avais-je pas demandé. Si tu n'as pas le temps de répondre à celle-ci, j'attendrai ton arrivée, et alors tu me répondras de vive voix...

Je ne me suis pas relâché, au contraire, Dieu me fait du bien tous les jours... Il me fait toujours mieux comprendre son amour pour moi et mon indignité. Il augmente aussi mon amour pour mes chers conducteurs qui ont pris tant de peine pour moi. J'aime aussi mieux mes amis, et toi particulièrement, qui m'as fait tant de bien par ta conduite et tes bons conseils. Qu'il augmente toujours plus cet amour, et le rende durable et profond !

Je continue à prier, et depuis vendredi j'ai commencé à le faire deux fois par jour. Après dîner, je monte chez Misçaël et je prie avec lui, après avoir lu ensemble un ou deux chapitres de la Bible. Je commence à trouver mon bonheur dans la prière et la lecture de la Parole de Dieu. Que Dieu me donne de pratiquer ces deux choses avec simplicité ! Qu'il n'y ait plus en moi ni hypocrisie, ni amour-propre ! Je désire persévérer dans la bonne voie avec confiance et en y faisant des progrès.

J'ai besoin d'être enseigné, sinon je tomberais infailliblement. Que Dieu me donne, non seulement de ne plus lui résister, mais encore de lui ouvrir pleinement mon cœur sans détour ni faiblesse ! »

II.

Jérémie quitta la pension, à la fin de juillet 1880. A dater de cette époque, la piété de ce bien-aimé s'affaiblit.

Les craintes qu'il avait souvent manifestées se réalisèrent. Son zèle se refroidit par degrés, et pendant près de deux ans il se laissa entraîner par ces amis mondains dont il avait tant redouté le contact, et les suivit dans leurs égarements. Certes, il était loin d'être heureux. Le Seigneur permet parfois à Satan de dépouiller les élus, comme Job, de leurs biens et de leurs forces. Mais il lui défend de toucher à leur vie. « Satan a demandé à vous cribler comme on crible le blé, mais j'ai prié pour toi que ta foi ne défaillît point. » Comme l'infortuné tombé entre les mains des voleurs, Jérémie avait été dépouillé de tout bien spirituel, laissé à demi mort, gisant dans son sang ; mais Dieu et les siens ne le perdaient point de vue et hâtaient de leurs vœux et de leurs prières son retour à la santé spirituelle.

Notre jeune ami, s'étant converti au sortir de l'enfance, n'avait point connu les plaisirs du monde.

C'est par là que le démon commença à l'envelopper ; il lui suggéra qu'il était bien raisonnable de jouir des plaisirs innocents avant d'y renoncer pour toujours. Dès qu'il eut donné accès à cette tentation, il se livra au monde sans réserve.

Il assitait rarement aux réunions, sauf le dimanche, et encore, avouait-il plus tard, ce n'était guère que pour y dormir. Il aimait surtout le théâtre et le fréquentait assidument.

«Un jour — c'est lui-même qui le raconte — je rentrai à la maison vers une heure du matin. Tante Marie, qui m'aimait beaucoup, avait veillé pour m'attendre; elle me dit combien ma conduite l'affligeait. Je reçus fort mal sa répréhension, car mon orgueil souffrait d'avoir été pris en faute, et je lui répondis avec dureté.

— Quel besoin avais-tu de m'attendre pour me faire un sermon ? Tu aurais pu me le faire aussi bien demain matin.

»Pour toute réponse, ma tante me donna un bon soufflet. Je me retirai sans dire un seul mot, mais je ne pus dormir de toute la nuit. Je réfléchis beaucoup, et je pris la résolution de ne plus faire de la peine à ceux qui m'aimaient avec tant d'affection.»

Ce fut en effet le point de départ d'une vie nouvelle, après 18 mois de mondanité.

Notre cher Jérémie a confessé plus d'une fois — lorsque ses yeux furent parfaitement dessillés — que pendant ses heures d'égarement il n'éprouvait ni les joies du mondain ni le bonheur de la piété. Une tristesse indicible était son partage, au sein des dissipations les plus bruyantes. «Même en riant, le cœur sera triste, et la joie finit par l'ennui» (Prov., XIV, 13).

C'est dans ces jours de lutte que survint un événement bien douloureux pour Jérémie : la mort presque subite de son père.

Jérémie fut témoin des derniers entretiens de son père avec M. Armengaud, de sa sérénité devant la mort, et de la suprême expression de ses sentiments, puis de sa longue expérience chrétienne, caractérisée par ces paroles :

« Que le juste me frappe, ce me sera une faveur, et qu'il me reprenne, ce sera un baume excellent » (Ps. CXLI, 5).

Avant de quitter ce monde, le père Hébrard avait eu le privilège de voir son cher Jérémie revenir au « Conducteur de sa jeunesse ». Aussi sa veuve disait-elle avec tristesse :

—Depuis quelque temps nous étions si heureux en ménage ; c'était le ciel sur la terre, tous nos enfants nous remplissaient de joie ; et maintenant il n'est plus !

Cette mort fut un deuil pour l'Église, où le défunt jouissait de l'estime générale ; droit et loyal dans ses transactions, il honorait aussi l'Évangile dans le monde, et fut fort regretté de toutes ses relations.

Jérémie fut très affecté de la mort de son père, qu'il aimait tendrement ; mais l'épreuve lui fut en bénédiction. Trois semaines après, en répondant à la lettre qu'un ami, N. Granade, lui avait adressée à cette occasion, il s'exprimait ainsi :

« 16 septembre 1882.

» Cher Ami,

» Voilà près d'un an que tu es parti, et je ne t'avais pas encore écrit, quoique j'en eusse souvent éprouvé le besoin...; que dois-tu penser de moi ?

Tu dois te rappeler qu'avant ton départ j'avais laissé écouler le bien que Dieu m'avait fait. Vous m'exhortiez souvent, toi et mes autres amis, à revenir sur mes pas. Je ne vous écoutais guère, tout en comprenant que je ne faisais pas bien; mais je cédais à cette tentation qu'avant de mourir j'aurais bien le temps de me repentir des fautes que j'aurais commises.

Depuis ton départ, je me suis de nouveau retourné vers Dieu. Je lui demande chaque jour la grâce de ne plus retomber dans ce bourbier fangeux. J'ai bien besoin que Dieu me soutienne et me donne de le prier toujours davantage afin de résister à l'ennemi... »

«.... Cher Néhémie, lorsque tu étais ici, tu m'as fait beaucoup de bien en m'exhortant et en me reprenant quand je le méritais. Tu m'as ainsi montré ton amour ; je te prie de me soutenir de loin par tes prières. Que Dieu me rende capable de suivre ton exemple de ne pas prendre les armes quand le moment sera venu !

Je te remercie pour la part que tu as prise à notre grande épreuve. Que la mort de ce cher père me fasse comprendre combien tout passe sur la terre ! Je demande toujours à Dieu de me faire mieux croire qu'il m'a éprouvé pour mon plus grand bien. Il m'est donné de regarder à Dieu dans mes moments de découragement, il me soutient selon mes besoins. Je veux l'aimer et le servir avec une grande confiance et le bénir chaque jour pour tous ses biens.

Cher Néhémie, combien il me tarde de te revoir et puissé-je t'imiter en tout et suivre tes traces, comme tu as suivi celles des amis qui t'ont précédé dans le combat ! Je t'ai raconté librement mon expérience, tu préfères cela à ces nouvelles diverses sans intérêt pour toi.

Mon frère Manoah a maintenant une plus grande responsabilité. Je désire le soutenir autant que mes forces me le permettent. Que Dieu nous dirige, comme il dirigeait son peuple au désert....»

Jérémie devint en effet plus sérieux et s'appliqua à glorifier le Seigneur.

Il faisait souvent le culte de famille et ne négligeait guère de parler de Dieu, quand il en avait l'occasion, aux garçons bouchers avec lesquels il travaillait.

Bien souvent, en revenant de la réunion, il lui arrivait de prier dans sa chambre avant de se livrer au repos, quoique ce fût parfois plus de onze heures du soir. Quand il n'y avait pas réunion publique à la Chapelle, il faisait régulièrement son culte particulier.

Il était très assidu aux séances de l'Union Chrétienne, dont il était l'un des membres les plus actifs. Malgré sa fatigue, il fréquentait les cultes du soir et, lorsqu'il cédait au sommeil, il remerciait les amis qui le réveillaient. Il avait du goût pour la musique et soutenait le chant des cantiques.

Ses rapports avec les étrangers étaient agréables, et sa conduite envers sa famille affectueuse. S'il lui arrivait encore — plus rarement sans doute — de répliquer trop vivement à ses proches, il s'en humiliait, non seulement dans son for intérieur, mais au premier culte domestique. Brusquait-il son frère, quoique les torts ne fussent pas toujours de son côté, il n'hésitait pas à le prier de lui pardonner.

III.

A peu près à cette époque, c'est-à-dire en octobre 1882, Mlle Jémima Hébrard fut envoyée au pensionnat évangélique de Nimes, placé sous la même direction spirituelle que celui des jeunes gens.

La séparation fut pénible. Jérémie et sa sœur convinrent de l'adoucir par une correspondance régulière dont nous donnons quelques extraits.

«6 octobre 1882.

»CHÈRE JÉMIMA,

» Je réponds à ta lettre, qui m'a fait un grand plaisir.

Je suis bien content que tu te trouves bien , je désire que cela continue et que tu te trouves toujours bien partout où tu iras. Le jour de ton départ a été bien triste pour moi, à la pensée que tu devais être bien triste toi-même... Je désire que tu fasses plus de progrès que je n'en ai faits moi-même pendant mon séjour à Nimes, à tous égards. Tu te trouves avec presque toutes tes amies de Cette, avec de bons conducteurs et des personnes qui t'aiment ; ainsi, tu ne peux languir.

Combien j'ai peu profité des instructions qui m'ont été données dans mon enfance ! Je désire vivement que tu fasses mieux que moi ; nous ne sommes sur la terre que pour travailler à notre salut et au salut de nos semblables, et notre travail matériel doit être pour la gloire de Dieu et celle de son Église. Que Dieu nous bénisse afin que, lorsque nous nous reverrons, nous puissions constater des progrès en chacun de nous.»

Huit jours après, il écrivait encore :

«14 octobre 1882.

» CHÈRE SŒUR,

»Il me tarde déjà de te revoir, non que je te croie malheureuse, car je te sais mieux à Nimes qu'ici, mais pour le vide que ton départ fait au milieu de nous.

J'ai lu avec bonheur ta lettre adressée à Ketsiha. Je vois avec plaisir que tu te trouves bien entourée à la pension. Il n'est pas nécessaire de t'exhorter au travail, je crois que tu fais ton possible. Je te dirai seulement — ce que te répètent ceux qui t'entourent — de regarder à Dieu dans tout ce que tu feras, car sans lui nous ne sommes pas capables de faire la moindre chose de bien.

Que je suis heureux de te savoir au milieu de personnes qui prennent soin de toi, qui t'aiment et t'enseignent à marcher dans les voies de Dieu !

Je sens que Dieu me fait du bien ; je l'en bénis et le supplie de m'en faire davantage.

Comme tu as beaucoup de travail, ne te gêne pas pour me répondre ; je t'écrirai quand même autant que je le pourrai pour te faire plaisir... Je t'embrasse comme je t'aime. »

Le ton de cette correspondance est toujours aimable et sérieux ; on n'y trouve pas la légèreté naturelle aux jeunes gens, et surtout dans des lettres intimes. Elles sont toutes empreintes du même esprit, au point que nous craindrions de fatiguer nos lecteurs en y puisant trop libéralement. Tantôt ce sont des résumés de prédication, tantôt le récit de quelque événement intéressant sa famille ou l'Église : le tout accompagné de réflexions parfois originales et de l'expression du plus grand amour fraternel. Nous ne pouvons cependant résister au plaisir de donner quelques extraits de la dernière.

« Cette, 15 mars 1884.

» Chère Sœur,

» Je voulais venir passer un dimanche à Nîmes avec toi : j'en aurais facilement obtenu la permission de ma mère et de ma tante; mais comme M... n'y tient pas, j'ai hésité à la demander, car je ne voudrais contrarier personne.

» Notre cher M. Krüger est venu passer à Cette quelques jours qui ont été bénis pour moi. Ses paroles me pénètrent beaucoup.

Il nous a exhortés avec puissance à nous réveiller, à nous humilier, à nous repentir sincèrement de toutes nos fautes et à bénir Dieu pour tous ses bienfaits. Il nous a montré que si, malgré nos infirmités, nos prières d'humiliation n'étaient pas accompagnées d'actions de grâces, nous n'étions pas dans le véritable chemin... Il a ajouté que si nous sentions que notre amour pour nos conducteurs et pour nos frères était permanent, nous étions réellement enfants de Dieu... Il nous a engagés vivement à nous réveiller tout de nouveau, quel que fût notre état spirituel, et à nous consacrer à Dieu de tout notre cœur.

Ce bien-aimé vint souper chez nous lundi soir. Tu peux t'imaginer si nous étions tous heureux de l'avoir à notre table : quel privilège ! Il nous parla de notre père qui nous a devancés, et nous exhorta à l'avoir toujours devant les yeux afin de marcher sur ses traces et à rechercher ensuite de nouvelles grâces. Il parla beaucoup à Manoah, puis, après le culte, il demanda à Dieu derépandre sa bénédiction sur notre famille et sur notre frère spécialement. Ses exhortations et sa prière me firent du bien. Que Dieu réveille notre cher M.. et lui montre son péché, afin que, renouvelant les grâces qu'il a laissées écouler, il entre, comme moi, dans la bonne voie. Je sens le besoin de prier pour lui, de lui être surtout en exemple, afin que, témoin du bien que Dieu m'a fait, il puisse se réveiller à salut.

»Chère sœur, nos privilèges sont grands : c'est à nous d'en profiter ; si nous n'en profitons pas, Dieu nous en demandera compte.»

Il ne faudrait pas conclure de cette correspondance que le réveil de Jérémie fut dès le début si profond, son retour à la santé de l'âme si rapide, qu'il fût à l'abri de rechute.

Il se rendit à Nimes aux fêtes de Noël 1883, soit pour visiter ses anciens amis de pension, soit pour y assister aux « réunions générales » qui eurent lieu à l'occasion de cette fête chrétienne. Voici en quels termes il racontait, quelques jours plus tard, ses diverses impressions.

« Pendant mon séjour à Nimes, j'eus de longs entretiens avec notre chère mère, Mme Armengaud. Je fus abondamment béni, je me retournai vers Dieu avec la résolution de persévérer dans la bonne voie. Mais, hélas ! mon plus grand ennemi, voyant que je lui échappais, fit des efforts pour me retenir dans ses pièges.

A peine de retour à Cette, à l'occasion des fêtes du jour de l'an, je pris part à une collation avec mes amis légers et je me laissai entraîner à la dissipation jusqu'à jouer aux cartes. Mais à peine eus-je cédé à la tentation que je fus saisi d'une tristesse indicible et d'une repentance sincère et profonde. Je me jetai dans les bras de la miséricorde divine, et cette fois ce fut tout de bon.

Dans mon premier réveil, c'était la crainte de la mort qui m'avait poussé à me retourner vers Dieu ; aujourd'hui c'est l'immense amour de mon Père céleste qui m'attire vers lui, et je crois qu'il me rendra capable de persévérer jusqu'à la fin. Ah ! que je regrette le temps perdu ! Combien j'aurais pu me développer si j'étais demeuré fidèle après mon premier réveil! Que Dieu me pardonne et me fasse devenir un de ces violents qui ravissent le royaume des cieux.»

Il est juste de dire que Jérémie se repentit après la répréhension sévère, mais paternelle, de son pasteur, M. Ernest Krüger, et d'ajouter que ce fut sa dernière faute extérieure.

Il avait mieux compris l'amour de Jésus, et c'est par des liens d'affection qu'il avait été attiré vers lui. L'amour de Dieu n'est-il pas en effet le mobile le plus puissant pour nous arracher au monde ?

Ce dernier réveil fut durable et ne laissa à Jérémie aucun regret des plaisirs mondains, et son plus ardent désir fut de suivre désormais les traces des fidèles et de remplir de joie le cœur de ses conducteurs. Il se trouvait si heureux dans cette voie de repentance et de combat qu'il plaignait tous ceux qui résistaient à Dieu. Il avait, avec sa tante Marie, d'excellents entretiens, et combattait selon sa foi pour lui-même, et pour ses amis quand il les voyait s'affaiblir.

Un soir, après la réunion — nous racontait sa tante — au lieu de se coucher, selon son habitude, il s'enferma dans sa chambre, et lorsque, le lendemain, je lui en demandai la raison, il me répondit :

« J'avais parlé pendant la soirée, pour leur bien, à deux de mes amis qui sont en désaccord, et en entrant chez moi j'ai éprouvé le besoin de chercher le secours de Dieu selon cette parole : « Si quelqu'un vient à tomber dans quelque faute, vous qui êtes spirituel, redressez-le avec un esprit de douceur et prends garde à toi-même de peur que tu ne sois aussi tenté » (Col., VI, 8).

Il disait un autre jour à l'égard de quelques jeunes camarades :

— Je ne leur parle pas de Dieu, mais je prie beaucoup pour eux afin que Dieu les attire à lui.

Cette sollicitude se manifestait spécialement envers les membres de l'Union Chrétienne des Jeunes Gens de Cette. Sans prétentions et tout naturellement, il veillait sur eux. Heureux s'ils étaient bénis, il les visitait s'ils se relâchaient, les entourait, les encourageait et leur proposait de prier ensemble. S'il ne pouvait y réussir, il en parlait aux anciens. C'était au sérieux qu'il prenait ce commandement : « Exhortez-vous les uns les autres, et priez les uns pour les autres » (Thess., VII, et Jacq., V, 16).

Un de ses amis nous écrivait à son sujet, quelque temps après sa mort :

« Depuis son retour vers Dieu, il n'a négligé aucune réunion, ni publique ni particulière. Il s'y rendait toujours un des premiers. Il lui eût été souvent facile d'avoir des excuses même légitimes pour s'en exempter, mais sa devise était qu'il faut prêcher par sa conduite avant de le faire par la parole. Il aimait la répréhension ; aussi était-il libre pour nous reprendre lorsque notre conduite ne lui semblait pas droite. Nous sommes tous unanimes pour déclarer que notre cher Jérémie possédait cet « amour fraternel qui est sans hypocrisie» (1 Pierre, I, 22).

Il ne s'est point écarté de cette ligne de conduite jusqu'à sa dernière heure.

IV.

L'époque de son tirage au sort approchait à grands pas. Il n'aurait pu prévoir qu'il serait retranché avant la fin des quelques mois qui l'en séparaient. Il avait déjà résolu à porter la croix comme plusieurs de ses amis, en s'exposant à mille épreuves pénibles par le refus de prendre les armes. Nous trouvons cette résolution nettement exprimée dans plusieurs lettres écrites à cette époque à un ami sous les drapeaux ; il en parlait librement à ses parents et à ses pasteurs.

La guerre est un reste de barbarie que tout chrétien doit prendre à tache de faire disparaître. La double influence de l'habitude et des préjugés païens a égaré le monde chrétien au point d'admettre deux morales opposées selon qu'il s'agit des individus ou des nations. C'est une perversion du sens moral contre laquelle il faut réagir au nom de la conscience, de la justice et de l'Évangile. La guerre n'est autre chose qu'un brigandage organisé en vertu d'un principe unique : La force prime le droit ! On commence à se révolter contre cette iniquité, mais depuis longtemps les chrétiens auraient dû prendre l'initiative.

Or, refuser de s'exercer à tuer son prochain, c'est obéir à

l'Évangile et abolir la guerre autant qu'il dépend des chrétiens fidèles.

« Aimez vos ennemis, faites du bien à ceux qui vous haïssent et priez pour ceux qui vous outragent » (Matth., V). Qu'on entasse objections sur objections, elles ne prévaudront point contre ces paroles : « Il est écrit ! »

A ceux qui allèguent le cas de légitime défense, nous répondrons : Notre vie est entre les mains de Dieu, et nul ne peut nous nuire sans sa permission.

A ceux qui revendiquent l'obéissance due aux lois : Il est une loi supérieure à celle des hommes, c'est celle de Dieu, et, lorsqu'il y a conflit entre les deux puissances, c'est à Dieu avant tout que nous devons obéir.

A ceux qui objectent que le temps n'est pas encore venu pour mettre en pratique ce principe admirable, nous dirons : « Dieu nous a donné ses commandements afin de les garder avec soin (Ps. CXIX, 4), non pas demain mais aujourd'hui, en face des incrédules qui périssent ».

Telles étaient les convictions de Jérémie. Il écrivait à un jeune soldat, alors dans l'épreuve à cause de sa fidélité :

« 25 janvier 1883.

» CHER AMI,

» Tu nous donnes des grandes preuves de ta foi. Je désire de tout mon cœur que ton exemple soit suivi par un grand nombre et par moi particulièrement. J'ai besoin que Dieu me donne une foi véritable, une foi qui ne défaille point, mais plutôt qui s'affermisse chaque jour, afin de résister à cet ennemi qui nous veut tant de mal.

Les premiers temps de ton départ, j'étais bien content d'avoir de tes nouvelles, mais c'était plus par curiosité que par amour pour toi. Maintenant, je bénis Dieu de ce qu'il a détruit cette indifférence et m'a donné de comprendre que je dois suivre tes traces jusqu'au bout, afin que, si le jour arrive où je doive prendre les armes, je puisse par la grâce de Dieu résister aux hommes et accomplir la loi du Seigneur. L'exemple que tu nous donnes portera des fruits, il m'a déjà fait du bien et m'en fera davantage.

Nous avons éprouvé un grand bonheur en apprenant que ta situation s'était améliorée; c'est une preuve que Dieu est avec toi et qu'il soutient ceux qui le craignent et qui gardent sa parole. »

Dieu a épargné cette grande épreuve à Jérémie en le retirant de ce monde.

Voici une autre lettre d'expérience chrétienne, adressée au même jeune soldat.

« 20 mai 1884.

» Cher Ami,

» Je profite d'un moment de liberté pour t'écrire.

Comme tu le sais, je m'étais égaré du droit sentier pour marcher selon le monde ; j'avais voulu secouer le joug de Christ, croyant trouver le bonheur et le repos de mon âme dans les choses de la terre. Mais, Dieu soit béni, je puis dire que, lorsque j'ai cru pouvoir me passer de Dieu, c'est alors que j'ai été le plus malheureux. Je croyais trouver le bonheur, et il n'y en avait point. Je cherchais à m'égayer, à faire taire ma conscience; mais impossible d'y parvenir. Au dehors je paraissais heureux, au dedans mon cœur était sec et triste. Depuis ma conversion, j'ai souvent voulu marcher selon les désirs de mon cœur ; aujourd'hui je comprends combien je me suis rendu coupable envers Dieu et envers ses bien-aimés. J'ai perdu beaucoup de temps, beaucoup de privilèges, beaucoup de moyens de grâces. Que Dieu me donne d'y penser afin que ces expériences pénibles ne se renouvellent plus.

» C'est maintenant que je suis heureux et en paix. Malgré ma lenteur à me développer, je bénis Dieu du bien qu'il m'a fait et je désire qu'il continue son œuvre. Je pense souvent à toi et je me demande si je serai capable de suivre ton exemple quand le moment sera venu. Je sais que nous devons obéir à Dieu, quoi qu'il advienne, si nous sommes ses enfants. Rien ne doit nous arrêter, et nous devons marcher fermement dans la vérité qui nous a été révélée.

» Je bénis Dieu de ce qu'il m'a réveillé, non seulement devant le pardon de mes péchés, mais devant la nécessité de rechercher une nouvelle grâce. Je ne veux plus retourner en arrière, mais plutôt me donner à Dieu d'une manière complète, car je crois et j'éprouve qu'en lui seul se trouve la paix et la joie de l'âme. Plus j'avance dans cette voie, plus je me dispose à faire comme toi. C'est très heureux, je le sens, car, pour suivre Dieu, il me faut abandonner entièrement tout ce qui m'attache au monde et aux choses de la terre.

» La mort du cher Misçaël (8 juillet 1883) n'a pas produit de réveil en mon âme. Mais aujourd'hui, en lisant sa vie et sa mort, je n'ai pu m'empêcher d'être ému et d'éprouver que, s'il a été fidèle jusqu'à la fin, je puis l'être aussi et marcher sur ses traces si je me confie entièrement à Dieu. Chaque fois que je relis cette précieuse biographie [1], j'éprouve un grand désir de marcher sur les traces de ce bien-aimé. Le passage inscrit dans la lettre de faire part, et qu'on a reproduit sur la brochure comme épigraphe, est bien réalisé à mon égard : « Quoique mort, il parle encore par sa foi ». Cher ami, je veux m'unir chaque jour davantage à ceux qui ont combattu et à ceux qui combattent le bon combat, afin d'être soutenu par leur exemple. J'ai pris la résolution de faire la volonté de Dieu... Je sais que l'on prend souvent de bonnes résolutions quand on se trouve sous une bonne influence, et qu'on ne persévère pas toujours. Dieu veuille qu'il n'en soit point ainsi de moi, mais que je dise réellement à Dieu : Me voici, je viens, ô Dieu, pour faire ta volonté.

» Que Dieu me garde de suivre encore les voies d'Israël au désert, se détournant de Dieu au sein de l'abondance et criant seulement à lui au jour de l'épreuve ! Si tu n'as pas le temps de m'écrire, prie pour moi afin que je sois rendu capable de marcher sur tes traces avec la ferme résolution de servir Dieu, persuadé qu'il m'accordera tout ce qui sera nécessaire au bien de mon âme...

» Nous avons pour l'Union un nouveau local sur le quai. Chaque lundi, deux membres actifs doivent y prendre la parole. Peu d'étrangers se rendent à cette réunion, mais je prie cependant pour être rendu capable de parler librement du bien que j'ai reçu du Seigneur... »

[1] *Notice biographique sur Misçaël Gilly*, chez M. Gilly, rue Titus, 2, à Nimes. Prix : 1 fr.

SA MALADIE ET SES DERNIERS MOMENTS.

Le dimanche 16 novembre, Jérémie se sentit indisposé. Ce n'était presque rien encore ; aussi assista-t-il, selon son habitude, au service religieux, et même, le soir, il pria à la réunion avec ferveur pour lui et sa famille, en demandant à Dieu de le rendre capable de le glorifier dans toute sa conduite.

La nuit du dimanche au lundi fut mauvaise ; il ne put dormir ni se réchauffer. Néanmoins, il se leva de bonne heure et travailla comme à l'ordinaire.

***

Tous les lundis soir, il y a réunion d'étude biblique à l'Union Chrétienne. Ce jour-là, Jérémie devait la commencer. Le voyant fatigué, ses parents insistèrent pour qu'il allât se reposer; mais ce fut en vain. Il était attendu, et, au lieu de se faire excuser, il surmonta sa fatigue. Nous le vîmes arriver à l'heure précise sans nous douter que sept jours après, à la même heure, notre ami rendrait le dernier soupir.

Après le chant d'un cantique et une bonne prière, il lut et commenta le douzième chapitre de l'épître aux Romains, en particulier du verset 9 à la fin.

La soirée était froide ; à son retour, Jérémie se sentit plus souffrant. La nuit fut aussi mauvaise que la précédente ; cependant, le mardi matin, il allait de nouveau à son travail. Mais , à bout de forces, il rentra bientôt pour se mettre au lit.

Il ne devait plus se relever.

Le lendemain, la fièvre se déclarait, accompagnée de délire et d'enflure à la tête.

Le jeudi, l'état du malade s'aggrava. Le soir, à la réunion présidée par Mme Armengaud, l'Église apprit cette triste nouvelle. Notre Mère en la foi pria avec ferveur pour Jérémie.

« Seigneur, disait-elle, veuille conserver à notre affection et à l'affection des siens ce cher enfant, depuis quelque temps si aimable. L'œuvre est grande, et les ouvriers peu nombreux ; ne retranche pas, nous t'en supplions, ceux qui promettent de devenir de bons ouvriers. Mais tes voies ne sont pas nos voies, ni tes pensées nos pensées. Enseigne-nous à te dire comme notre Maître : Père, s'il est possible, que cette coupe passe loin de nous sans que nous la buvions ; toutefois, *que ta volonté soit faite et non la nôtre.* Si, dans ta sagesse, tu juges bon de retirer à toi ce bien-aimé, fortifie-le dans son âme ; qu'un réveil nouveau se produise en lui, et qu'il te glorifie sur son lit de mort. Quelle qu'en soit l'issue, que la maladie de cet ami serve au bien de tous, d'une manière particulière à son frère Manoah et à la jeunesse de ton Église !... »

Pendant la nuit du jeudi au vendredi, ses deux sœurs et sa tante se succédèrent auprès du lit de Jérémie.

Ce fut d'abord sa sœur Jémima. Comme il ne pouvait reposer, elle lui lut, sur sa demande, l'épître de Jacques en entier, ainsi que le psaume CXVI.

Il suivit la lecture avec une attention assez soutenue. Pour lui, on le sentait, cette parole était véritablement une nourriture. Elle était aussi une consolation sur ce lit de souffrances, un baume dans ses douleurs.

Après cette lecture, il dit à sa sœur :

— Dresse-moi commodément pour que je puisse prier.

Il éleva la voix, et, soutenu par l'Esprit, persévéra près d'une heure.

Ce fut d'abord sa vie passée qui lui fut présentée : sa longue indifférence, ses rébellions, son apathie spirituelle. Il s'humiliait d'avoir résisté aux appels de Dieu.

Puis il bénissait Dieu de sa grande patience à son égard, et lui rendait grâces de ce qu'il avait pu se repentir et croire. Il lui demandait de le bénir encore pendant cette maladie, accomplissant en lui son œuvre tout entière. Il désirait être trouvé fidèle jusqu'à la fin, si toutefois Dieu jugeait bon de le prendre à lui, et ne demandait son rétablissement que pour se consacrer tout de nouveau au service de son Maître.

Il priait aussi Dieu de soutenir et de bénir sa famille. Il en nommait tous les membres, chacun selon l'état d'âme qu'il leur connaissait. Il mentionna aussi tous ses amis, les fidèles, les endormis et les rebelles, ceux-ci avec instances. Il pria pour l'Union Chrétienne de Cette, et n'oublia pas l'Église.

Ce fut une prière mémorable, un « parfum répandu sur les pieds du Seigneur » (Luc, VII, 46).

Sa sœur Ketsiha le veilla ensuite la seconde partie de la nuit. Il fut assez calme et put reposer un peu.

Sur le matin, sa tante vint relever sa sœur. Comme il ne pouvait dormir, elle lui lut quelques chapitres. Chose digne de remarque, toutes les fois qu'on lui lisait la Parole de Dieu, il semblait revivre. Souvent, dans son délire, un verset de l'Écriture le faisait revenir à lui. Il disait lui-même :

— Tante, j'aime beaucoup que l'on me lise la Bible et que l'on prie avec moi.

Et il se mit encore à prier à haute voix, demandant surtout à Dieu de bénir cette épreuve pour lui, pour sa famille et pour ses amis.

.

L'un d'eux vint le voir dans la matinée. Après un fraternel baiser :

— Tu souffres beaucoup, mon ami ?

— Non, pas précisément. J'ai seulement la tête qui me fait mal.

— Es-tu soutenu dans ta maladie ? Es-tu heureux ?

— Oui ; mais... je sens que je ne suis pas encore bien prêt à la mort.

— Quoique tu ne sois pas encore sérieusement en danger, tu fais bien de penser à la mort. D'ailleurs, on ne doit pas y penser seulement sur un lit de maladie...

— C'est bien sûr, car elle peut venir d'un moment à l'autre. J'y pensais quand j'étais en santé, mais j'y pense davantage maintenant.

— Pour moi, plus je vais, plus j'y pense, et je m'en trouve bien, car c'est une pensée salutaire. Il semble que la vie doive être insupportable avec la mort toujours présente à l'esprit ; mais il n'en est rien. En pensant à la mort, on jouit tout autant des choses bonnes, mais on marche dans la crainte de Dieu. — Tu m'as dit que tu ne te voyais pas encore bien prêt. Dans quel sens entends-tu cela ? N'es-tu pas enfant de Dieu ?

— Oh ! oui, j'ai cru que Dieu a donné pour moi son Fils unique, et je suis heureux de sentir que mes péchés me sont pardonnés en son nom. Mais l'ennemi cherche encore à m'effrayer.

— Nous ne pouvons avoir de tranquillité et de paix qu'en nous confiant *constamment* en la miséricorde de Dieu. Veux-tu que nous lisions la Bible ?

— Très volontiers.

Ils lurent et méditèrent ensemble le psaume LI.

L'après-midi, vers trois heures, H. Gilly et Jérémie lurent les premiers versets du XIVe chapitre de l'évangile de Jean.

« Que votre cœur ne se trouble point ; vous croyez en Dieu, croyez aussi en moi... »

Ils s'entretenaient encore sur ce passage si consolant, si encourageant, si précieux à tous égards, quand survinrent MM. Kellermann et Achille Granade.

*
* *

Le visage de Jérémie exprima une joie des plus vives. M. Kellermann s'approcha et lui dit :

— C'est avec une vive peine, mon ami, que nous avons appris ta maladie, car nous t'aimons beaucoup. Que cette épreuve que Dieu t'envoie te porte à t'élever vers lui par la prière, afin que, quelle qu'en soit l'issue, tu en retires un bien réel. Te sens-tu heureux dans tes souffrances ?

— Oui ; mais je sens que je devrais l'être davantage.

— Il ne faut pas, mon ami, te laisser décourager par l'ennemi, qui cherche maintenant à te troubler. C'est avec la plus grande liberté, tu le sais, que nous pouvons t'appeler un cher enfant de l'Église. Quoique faible encore dans ta foi, tu es né de Dieu, et tu dois exercer cette foi pure formée par Lui dans ton cœur. Donne-Lui gloire simplement, mais avec confiance ; jette-toi dans ses bras à l'heure de la tentation, à l'heure du danger, comme un enfant se jette dans les bras de son père. Nous prions pour toi, tu le sais ; joins tes prières aux nôtres, afin que Dieu puisse les exaucer en ta faveur.

Et il continua de l'encourager encore quelques instants avant de le quitter.

Vers cinq heures, Sutter monta un moment auprès du malade. Celui-ci, tout heureux et tout rayonnant, lui dit :

— M. Kellermann et M. Granade sont venus me voir.

— Je m'en réjouis avec toi. Je sais que Mme Armengaud avait aussi l'intention de te rendre visite.

— Cette chère Mère ! Oh ! non, elle ne pourra pas venir ; le temps est trop froid pour elle.

*
* *

Depuis que la nouvelle de l'aggravation du mal s'était répandue, les visites ne cessaient guère. On l'aimait tellement, ce cher jeune homme, au caractère ouvert et franc ! Il était si cordial, si expansif, qu'il ne comptait pas d'ennemi. Quelques-uns de ses camarades, plus légers que lui, n'accueillaient pas toujours ses conseils fraternels comme ils l'auraient dû ; quelques-uns même le trouvaient peut-être importun dans son empressement à leur faire du bien ; mais tous l'estimaient, plusieurs auraient bien voulu lui ressembler, et aucun ne fut insensible à sa maladie. On se disputait même la faveur de le veiller.

Le vendredi soir, à 8 heures, quelques personnes étaient réunies autour de son lit.

Sa tante lut un chapitre qu'il écouta avec bonheur, puis fit une prière qu'il put suivre de même. A son tour, quand elle eut fini, il ouvrit la bouche et adressa à Dieu une requête des plus ferventes.

— Oh ! quelle délicieuse prière ! disait avec les yeux pleins de larmes un ami qui l'avait entendue. Quel précieux frère ! Voilà déjà plusieurs mois que nous nous voyons, mais non de si près ; je ne le connaissais pas !

H. Gilly passa auprès de Jérémie la nuit du vendredi au samedi.

Le malade fut très agité, et délira presque tout le temps. A plusieurs reprises, il voulut se lever pour aller à son travail ; il fallait le maintenir au lit, et le calmer par quelques douces paroles. Il ne reprit ses sens que vers le matin.

Il était très faible ; l'enflure du visage avait augmenté. On ne laissa entrer personne afin qu'il pût se reposer.

**

Dans l'après-midi, Mme Armengaud put réaliser le grand désir qu'elle avait de voir notre cher malade. Elle vint, accompagnée de Mme O. Kellermann.

Jérémie était, à ce moment, calme et lucide. Sa joie fut vive. Son visage devint radieux en voyant entrer celle que son cœur se plaisait à appeler sa mère.

Elle lui lut deux chapitres, et lui parla en l'encourageant et en l'exhortant.

— Pries-tu, mon enfant ?

— Oui, Madame.

— Es-tu heureux dans tes souffrances !

— Je le suis.

— Sens-tu que tu aimes réellement, en vérité, tes conducteurs, ceux qui ont toujours pris soin de ton âme ?

— Oui, Madame. Je crois à votre mission divine, et je vous aime comme ma mère. Mais je sens que je ne vous aime pas assez, et que j'ai besoin de vous aimer davantage, comme vous le méritez

— Quel que soit notre avancement dans la piété, nous éprouvons toujours le besoin d'aimer davantage. Moi-même, il me semble parfois que je n'aime pas ; mais je prie, et Dieu rend témoignage à l'amour qu'il a mis dans mon cœur. Il ne faut donc pas te décourager. Tu dois, au contraire, bénir Dieu pour le bien qu'il t'a déjà fait, pour l'œuvre réelle et durable qu'il a commencée, et le prier d'approfondir, d'affermir et de développer ce germe divin de foi et d'amour qu'il a déposé en toi. Tu l'as prié, tu le pries ; fais-le encore, afin qu'il te soutienne sur ton lit de maladie, et que tu le glorifies.

— Je ne puis pas prier autant que je le voudrais. Je suis souvent fatigué ; ma tête se perd parfois, de sorte que je divague. Cela même prouve que je ne veille pas assez ; car si j'étais plus fidèle, plus sérieux, plus persévérant dans ma recherche de Dieu, je ne divaguerais pas. Je ne résiste pas assez au diable, et il a de l'empire sur moi.

— Non, mon cher enfant, tu te trompes. Si tu as de temps à autre le délire, cela n'indique en aucune manière un manque de foi. Le siège de ta maladie est dans la tête ; il serait donc bien difficile — il est même presque impossible — que tu conserves ta lucidité habituelle. Moi-même, mon ami, si j'étais malade comme tu l'es maintenant, il se pourrait que j'eusse le délire, mais cela ne porte nullement atteinte à l'œuvre faite dans notre cœur.

Mme Armengaud adressa ensuite à Dieu une prière pleine d'onction divine. A la fin, Mme Kellermann demanda au malade:

— As-tu pu écouter et comprendre ?

— Oui, répondit Jérémie à voix presque basse, j'ai entendu la *bonne* prière.

* * *

C'était vraiment une chose délicieuse que de se trouver auprès de cet ami. Il était continuellement en prière, souvent à voix basse, presque imperceptible. Même dans son délire, ses pensées, quoique extrêmement décousues, se rapportaient à son travail, à ses amis, mais surtout aux choses de Dieu.

Édouard Sutter le veilla pendant la nuit du samedi au dimanche. Cette nuit fut encore bien agitée pour le malade. La fièvre avait beaucoup augmenté, les douleurs aussi. Mais la grâce de Dieu agissant dans son cœur le soutenait et l'apaisait.

Sur le matin, il dit :

— Mon cher ami Sutter, je vais mourir. Pardonne-moi la peine que j'ai pu te faire pendant le temps que nous avons passé ensemble.

Celui-ci, les larmes aux yeux, répondit :

— Je n'ai rien à te pardonner, car tu ne m'as jamais offensé. Mais si tu crois m'avoir offensé en quelque chose, je te pardonne, et de tout mon cœur. Pardonne-moi, à ton tour, si tu as quelque reproche à me faire.

Jérémie reprit d'une voix entrecoupée :

— Je pardonne tout et à tous.

Si Dieu avait trouvé bon de me conserver... encore quelques années sur la terre,... j'aurais entièrement consacré... ma vie à mon Maître... C'était là d'ailleurs mon vœu... avant de tomber malade... Mais s'Il ne juge pas à propos de me laisser vivre,... et qu'Il ait décidé de me prendre à Lui,... oh !... qu'Il me bénisse avant ce dernier moment,... et que cette épreuve... soit un moyen de réveil pour tous nos membres endormis.

— Ta maladie, ajouta Sutter, a déjà servi entre les mains de Dieu au bien de mon âme.

— Je désire... que ce ne soit pas seulement toi... qui fasses une telle expérience,... mais tous les autres.

Sur ces entrefaites, ses deux sœurs étaient entrées.

Il joignit ses mains, et, la voix lui revenant, il se mit à prier avec une grande ferveur pour l'Église, pour ses pasteurs, pour l'Union et ses amis, pour sa famille, demandant à Dieu avec une insistance toute particulière le réveil de son frère Manoah. Il bénissait aussi Dieu pour son salut tout gratuit, ainsi que pour l'œuvre qu'il avait faite en lui.

Pendant sa prière survinrent sa mère, sa tante et son frère.

Sa tante pria après lui, demandant à Dieu de le soutenir et de le fortifier dans ses souffrances.

Jérémie s'affaissa peu à peu. Sa respiration devint haletante et le pouls intermittent. Il n'entendait et ne parlait plus.

.*.

Vers six heures du matin, on le crut sur le point d'expirer. Le médecin fut prévenu ; on alla aussi avertir les pasteurs et quelques amis.

MM. Gantet et Granade arrivèrent ; ils soulagèrent le mourant

par le magnétisme. Jérémie reprit sa connaissance et se mit encore à prier, d'abord d'une manière inintelligible. Ensuite, Dieu
renouvelant ses forces, sa voix devint distincte et forte.

— Mon Dieu, s'écriait-il, bénis-moi, bénis-moi ; bénis mon
cher frère !

Puis, levant ses deux bras vers le ciel :

— Sois béni, sois béni de ce que tu m'as délivré des enfers ?

Et il continuait avec ferveur :

— Je crois en Toi... Je crois à ton Fils Jésus-Christ... Je crois
à ton sacrifice expiatoire... Je suis à Toi !... oui, je suis à Toi !...
et pour toujours.

En priant, il tendit une main à son frère, tandis que l'autre
restait levée ; puis il demanda à Dieu de réveiller et de bénir
son frère. Il le fit avec une énergie extraordinaire.

Tous ses amis s'étaient rassemblés et se pressaient auprès de
son lit, croyant assister à ses derniers moments. Lui-même le
pensait.

Il fit d'abord ses adieux à sa famille et s'adressa surtout à son
frère :

— Réveille-toi, réveille-toi, mon cher Manoah ! Ne continue
pas à chercher le bonheur dans les choses d'ici-bas. Elles ne
sont que pour un temps, elles passent et nous échappent. Mais
la Parole de Dieu et son œuvre durent éternellement. Malgré
ma jeunesse, j'ai déjà éprouvé que le bonheur n'est qu'en Dieu ;
j'en ai fait l'expérience, après l'avoir cherché autre part ; je le
sais.

A. Lantoin s'approcha ensuite de lui.

— Je t'ai toujours beaucoup aimé, lui dit Jérémie ; mais pendant que tu résistais à Dieu, mon cœur ne pouvait être uni avec
le tien. Nous avons été longtemps légers ensemble ; mais je me
suis humilié. Dieu m'a pardonné et m'a depuis donné de marcher fidèlement. Réveille-toi à ton tour, mon cher ami ; profite
de cette épreuve pour t'approcher de Dieu. Il s'approchera de
toi, te pardonnera, te bénira et te soutiendra dans la bonne voie.

Puis, se tournant vers Ézéchiel Constant :

— Mon ami, rien n'a pu te réveiller jusqu'ici. Tu as résisté à Dieu, refusant de te laisser ramener par Lui ! Tu es toujours resté endormi. Que ferais-tu si comme moi tu te voyais, encore plein de force et de jeunesse, en face de la mort? Elle t'épouvante; mais c'est parce que tu n'aimes pas Dieu, parce que tu n'es pas pardonné, parce que tu ne t'es pas réconcilié avec lui. Réveille-toi, toi qui dors, et te relèves d'entre les morts. Prie Dieu, et prie-le sans te relâcher.

En s'adressant à Abel Krüger :

— Entrez dans le bon combat et persévérez ensuite dans le bon chemin.

Et à Jacques Schlegel :

— Devenez un membre plus actif et plus fidèle dans l'Union. Donnez-vous tout à Dieu.

.*.

Un peu plus tard, Dieu jugea bon de le conduire au désert pour y être tenté. Dépouillé des influences célestes, il eut une forte lutte à soutenir.

— Pardonne-moi, disait-il à Dieu avec sentiment, je suis un grand pécheur. Ne regarde pas à mes infirmités, mais lave mon âme dans le sang de Jésus-Christ, qui purifie de tout péché.

L'ennemi, cherchant à le décourager, lui rappelait ses transgressions et l'assaillait avec une violence telle que Jérémie, après en avoir triomphé, disait :

— J'ai craint un moment l'enfer.

M. O. Kellermann et M. Ernest Krüger achevèrent de le calmer. Sa foi sortit pure du creuset ; sa confiance en la miséricorde de Dieu le releva.

L'après-midi, Jérémie nous dit :

— J'aimerais bien de revoir Mme Armengaud ; elle me montrerait bien mon état, afin qu'il ne subsiste en moi aucune illusion.

Mmes Kellerman et Mlle Bonnafous l'encouragèrent.

— Elle t'a vu hier. Aujourd'hui, dimanche, elle ne pourrait pas venir. Mais nous te disons, comme notre mère, que tu es un cher enfant de Sion, d'une piété sincère. Dieu veut développer dans ton cœur le bien qu'il t'a fait. S'il te prend à Lui, tu ne seras pas séparé dans le ciel de tes pasteurs, que tu aimes si tendrement. L'Église t'a rendu et te rend ce témoignage, mais Dieu veut te le donner directement ; car, si le témoignage des hommes droits est certain, le témoignage de Dieu est d'un plus grand poids (Jean, I, 3). Recherche-le, et il te sera accordé.

Tous ses moments lucides étaient employés aux choses de Dieu.

— Oui, disait-il, j'aime mes conducteurs et j'aime aussi ceux qui les aiment. J'ai le témoignage que j'aime tous les hommes, même ceux qui ne m'aiment pas. Je plains ceux qui n'aiment pas Dieu.

C'était l'après-midi du dimanche ; il pria deux fois encore d'une manière remarquable.

M. Granade, qui calmait un peu ses souffrances par le magnétisme, disait :

— C'est délicieux d'être auprès de ce cher enfant. Il est toujours occupé des choses de Dieu.

*
* *

Vers six heures, le médecin revint et trouva chez le malade un mieux très sensible en comparaison de son état pendant la matinée. On se reprit à espérer.

Sutter dit à Jérémie :

— Le médecin te trouve mieux. Je suis bien heureux ; tu nous seras peut-être rendu.

Celui-ci reprit :

— Je ne m'appuie pas sur la science humaine ; je ne m'appuie que sur Dieu.

Il rendit ensuite grâce à Dieu de ce qu'il pouvait considérer sa maladie comme une bénédiction.

La nuit du dimanche au lundi fut meilleure que la précédente. MM. Granade et Gantet le veillèrent.

Le lundi, le mal s'aggrava. Le délire dura presque toute la journée. L'après-midi, Jérémie tomba dans un état comateux. C'était le calme précurseur de la mort.

A huit heures du soir, on le croyait encore réellement mieux, lorsque sa sœur aînée, s'approchant de son lit, s'aperçut qu'il râlait. Au bout de quelques minutes, notre ami s'endormait doucement, sans agonie.

Il n'avait pas encore atteint sa vingtième année !

*
* *

Mme Armengaud, en apprenant sa mort, compara ce cher enfant à un fruit petit, mais entièrement mûr, que le jardinier venait de cueillir.

— Il a possédé, dit-elle, la charité qui procède d'un cœur pur, d'une bonne conscience et d'une foi sincère. J'aurais beaucoup aimé qu'il vécût et se développât pour devenir un prédicateur de la Vérité. Nous avions même déjà pensé à lui comme futur évangéliste ; mais Dieu en a décidé autrement. « Ses voies ne sont pas nos voies. »

*
* *

Le mercredi matin, une nombreuse assistance entourait le cercueil de notre frère bien-aimé.

M. O. Kellermann lut dans la première épître de Paul aux Thessaloniciens, depuis le verset 13 du quatrième chapitre jusqu'au verset 12 du chapitre suivant.

— Notre ami défunt, dit-il en substance, a eu part à la première résurrection, qui suit immédiatement la mort, lorsque l'aiguillon de la mort — le péché d'élévation — a été détruit par la grâce.

Les sentiments de Jérémie étaient purs. Il aimait l'instruction et la répréhension faite avec amour. Il était franc et sans fraude. Il ne se justifiait pas de ses péchés de faiblesse. Sans être exempt de la légèreté naturelle à son âge, il aimait surtout la vérité ; il voulait lui obéir, et, depuis son nouveau réveil qui avait succédé à une période de sommeil spirituel, il servait de modèle à ses amis de l'Union Chrétienne. Les conducteurs de l'Église se réjouissaient, dans l'espérance de nouveaux progrès. Ils méditaient d'appeler Jérémie à l'évangélisation, et, si Dieu nous l'avait laissé, ce jeune homme aurait rendu publiquement témoignage de sa foi. Mais la sagesse éternelle en a décidé autrement. Une âme mûre pour le ciel y a été rappelée, tandis que notre affection l'aurait retenue ici-bas.

Les bénédictions reçues par Jérémie sur son lit de mort nous consolent, ainsi que tous les membres de sa famille. Le père Hébrard est mort, il y a peu de temps, dans la foi. Tous ses enfants sont convertis. Cette nouvelle épreuve ne restera pas sans fruits pour eux, ni pour les amis du défunt.

Puisse-t-elle vous réveiller aussi, vous qui entourez aujourd'hui la famille affligée ! Nous sommes « les enfants du jour », et nous travaillons, par le Saint-Esprit, à dissiper les ténèbres qui couvrent le monde. Les âmes mortes dans l'incrédulité doivent revivre en écoutant la Parole de Dieu, sortir de leur tombeau, embrasser le salut gratuit, obtenir l'effet des promesses au nom de Jésus-Christ. Repentez-vous, convertissez-vous de tout votre cœur, et vous posséderez, comme notre bienheureux Jérémie, l'espérance de la gloire, la certitude de la vie éternelle.

M. Kellermann invita ensuite H. Gilly à prendre la parole.

Il le fit à peu près en ces termes :

— Au nom des Unions Chrétiennes des Jeunes Gens du Midi, au nom de leur Comité de Groupe, au nom surtout de l'Union de Cette, je viens rendre ici témoignage au cher ami qui nous a devancés. Je l'ai particulièrement connu, et cela dès son enfance. Depuis longtemps déjà, depuis qu'il s'était sérieusement retourné vers Dieu, il était devenu un des membres les plus fidèles et les plus vivants de l'Union. Il avait pris à cœur sa tâche, travaillant à son propre salut et à celui de ses semblables. Plusieurs jeunes gens, ici présents, se joindraient à moi pour l'attester.

Depuis sa fondation, l'Union de Cette a déjà perdu quatre de ses membres : deux honoraires, dont l'un le père de Jérémie ; deux actifs, mon frère Misçaël et lui. Dieu nous éprouve en enlevant les meilleurs d'entre nous. Nous n'avons pas écouté ses précédents avertissements, et il nous frappe encore afin de nous rendre plus attentifs. Humilions-nous tous devant Lui, relevons-nous par la foi, et prenons dans nos cœurs la résolution de mieux marcher à l'avenir, en imitant la foi de ceux qui nous ont devancés.

Au nom de mes amis, en mon nom personnel, mon cher Jérémie, je ne te dis pas adieu, mais : Au revoir ! oui, au revoir !

M. Kellermann termina par la prière.

*
* *

Puisse ce court récit servir, entre les mains de Dieu, au bien éternel de tous ceux qui le liront. Amen !

L'UNION

ORGANE MENSUEL

DES UNIONS CHRÉTIENNES DU GROUPE DU MIDI

PRIX DE L'ABONNEMENT ANNUEL :

France................. 3 fr. || Étranger............. 3 fr. 75

M. H. Gilly, rue Triperie-Vieille, 33, Montpellier.

Ce journal, publiant une feuille et demie et souvent deux feuilles (24 et 32 pages) tous les **10** de chaque mois, contient, avec des nouvelles détaillées sur les Unions Chrétiennes de Jeunes Gens, des articles très variés et des études sur toutes les questions qui peuvent intéresser la jeunesse. Étant donnés son format et les matières publiées, c'est actuellement le journal religieux le plus avantageux comme prix. Celui dont nous publions aujourd'hui la biographie y collaborait activement et avait à cœur sa prospérité. C'est dans cet esprit que nous le recommandons à la sollicitude des lecteurs de cette brochure.